Vendas consultivas: transformando transações em parcerias duradouras

Copyright © 2024 Reginaldo Osnildo
Todos os direitos reservados.

APRESENTAÇÃO

INTRODUÇÃO ÀS VENDAS CONSULTIVAS

A MENTALIDADE CONSULTIVA

CONHECENDO SEU CLIENTE

CONSTRUINDO RELACIONAMENTOS DE CONFIANÇA

ESCUTA ATIVA

PERGUNTAS PODEROSAS

CUSTOMIZAÇÃO DE SOLUÇÕES

NEGOCIAÇÃO EM VENDAS CONSULTIVAS

GESTÃO DO RELACIONAMENTO COM O CLIENTE (CRM)

EDUCAÇÃO E DEMONSTRAÇÃO DE PRODUTO

FECHAMENTO CONSULTIVO

FEEDBACK E ACOMPANHAMENTO

TREINAMENTO E DESENVOLVIMENTO DE HABILIDADES

SUPERANDO OBJEÇÕES

MEDINDO O SUCESSO EM VENDAS CONSULTIVAS

INTEGRANDO VENDAS E MARKETING

USO DE TECNOLOGIA EM VENDAS CONSULTIVAS

DESENVOLVENDO UMA PROPOSTA DE VALOR

GERENCIAMENTO DE CONTAS

TREINANDO SUA EQUIPE DE VENDAS

ADAPTAÇÃO CULTURAL

ÉTICA E VENDAS CONSULTIVAS

EXPANSÃO E CRESCIMENTO

O FUTURO DAS VENDAS CONSULTIVAS

REGINALDO OSNILDO

APRESENTAÇÃO

Seja bem-vindo ao mundo das vendas consultivas, onde cada interação com o cliente não é apenas uma transação, mas uma oportunidade para construir uma parceria duradoura e de confiança. Você está prestes a embarcar em uma jornada que transformará seu modo de vender e, mais importante, a maneira como você se relaciona com seus clientes. Este livro é um convite para você, profissional de vendas, atualizar suas técnicas e estratégias para se alinhar com as demandas do mercado atual, altamente competitivo e em constante evolução.

Aqui, você encontrará não apenas uma base teórica sólida sobre vendas consultivas, mas também estratégias práticas que foram moldadas e aprimoradas para se adaptarem às novas realidades do mundo dos negócios.

Este livro é fruto de uma profunda pesquisa e experiência prática, e foi escrito com um propósito claro: tornar o conhecimento acessível e aplicável. Você, leitor, é o protagonista desta obra. Cada capítulo foi escrito pensando em fornecer a você as ferramentas necessárias para que se torne não só um vendedor, mas um verdadeiro consultor para seus clientes. O livro não só instrui, mas também dialoga com você, incentivando a reflexão sobre como estas práticas podem ser integradas ao seu estilo pessoal de vendas e adaptadas às necessidades únicas de seus clientes.

Prepare-se para explorar o capítulo seguinte, onde começaremos nossa viagem pelo universo das vendas consultivas, definindo o que são e como diferem significativamente das vendas tradicionais. Este conhecimento será o alicerce sobre o qual construiremos todas as estratégias subsequentes. Está pronto para transformar suas vendas em parcerias estratégicas e consultivas? Então, vire a página e vamos começar!

Atenciosamente

Prof. Dr. Reginaldo Osnildo

INTRODUÇÃO ÀS VENDAS CONSULTIVAS

Vendas consultivas são muito mais do que simplesmente vender um produto ou serviço. Esta abordagem transforma a dinâmica de vendas tradicionais, focando na criação de um relacionamento significativo entre o vendedor e o cliente. Aqui, você não é apenas um fornecedor, mas um parceiro estratégico que entende profundamente as necessidades, desafios e objetivos do cliente. A venda consultiva é baseada em diálogo, adaptação e confiança mútua, onde o valor é cocriado através da colaboração entre vendedor e cliente.

O conceito de vendas consultivas surgiu como resposta às limitações das vendas transacionais, que frequentemente tratam o processo de vendas como um simples intercâmbio de mercadorias por pagamento. Em contraste, a venda consultiva é caracterizada por um processo mais profundo e personalizado, que envolve entender e solucionar problemas reais do cliente. O foco está em identificar e atender às necessidades específicas do cliente, muitas vezes antes mesmo que ele próprio as tenha plenamente reconhecido.

COMO AS VENDAS CONSULTIVAS DIFEREM DAS VENDAS TRADICIONAIS

- **Foco no cliente**: Enquanto a venda tradicional foca no produto, a venda consultiva foca no cliente. O objetivo principal é entender o problema que o cliente precisa resolver e então oferecer uma solução que realmente atenda a essa necessidade.

- **Relacionamento de longo prazo**: A venda consultiva visa estabelecer um relacionamento de longo prazo com o cliente, o que é benéfico para ambas as partes. Isso é conseguido através de um compromisso contínuo com a satisfação e sucesso do cliente, indo além da simples transação.

- **Processo de venda complexo**: O processo de venda consultiva é tipicamente mais complexo e demorado do que o processo de venda tradicional, pois envolve a construção de confiança e a personalização da oferta conforme as necessidades do cliente.

- **Educação e consultoria**: Em vendas consultivas, você atua como um consultor e educador. Parte do seu trabalho é educar o cliente sobre como seu produto ou serviço pode resolver um problema específico ou melhorar seu negócio.

- **Criação de valor**: A abordagem consultiva se concentra na criação de valor para o cliente, o que muitas vezes resulta em soluções mais caras, porém mais efetivas e benéficas a longo prazo. Isso contrasta com as vendas tradicionais, onde o foco pode estar mais no preço e menos no valor agregado.

Ao adotar a venda consultiva, você não apenas aumenta suas chances de sucesso em vendas, mas também eleva a percepção de valor da sua oferta pelos clientes. Isso resulta em maiores taxas de satisfação do cliente e lealdade, além de uma posição competitiva mais forte no mercado.

Ao entender o que são vendas consultivas e como elas se diferenciam das vendas tradicionais, você está mais preparado para adotar essa abordagem poderosa. Agora que você compreende os fundamentos, está pronto para explorar como desenvolver a mentalidade correta para ser eficaz em vendas consultivas. No próximo capítulo, vamos mergulhar na mentalidade consultiva, um componente crucial para transformar sua forma de vender e construir relacionamentos duradouros com seus clientes.

Prepare-se para abrir sua mente e aprofundar seu entendimento no próximo capítulo, onde exploraremos as nuances da mentalidade consultiva e como ela pode ser cultivada para transformar suas interações de vendas em consultorias valiosas. Vamos juntos nesta jornada?

A MENTALIDADE CONSULTIVA

Adotar uma mentalidade consultiva é essencial para qualquer profissional que deseje se destacar em vendas consultivas. Esta mentalidade vai além de simples técnicas de venda; ela engloba uma abordagem filosófica que coloca o cliente no centro de todas as decisões. Vamos explorar como você pode desenvolver essa mentalidade e por que ela é crucial para o sucesso nas vendas consultivas.

O QUE É A MENTALIDADE CONSULTIVA?

A mentalidade consultiva é uma forma de pensar que enfatiza a compreensão profunda das necessidades do cliente, a empatia, a ética e a colaboração. Ela exige que você, como vendedor, se veja como um consultor que ajuda o cliente a resolver problemas, não apenas alguém que vende produtos ou serviços. Esta abordagem requer uma disposição para investir tempo e esforço para entender e solucionar as dores do cliente, e para construir um relacionamento de confiança que transcende a transação imediata.

CARACTERÍSTICAS DA MENTALIDADE CONSULTIVA

- **Empatia**: Colocar-se no lugar do cliente para entender verdadeiramente suas necessidades e desafios.

- **Escuta ativa**: Ouvir atentamente e de forma engajada, captando não apenas as palavras, mas também o contexto e as emoções por trás delas.

- **Foco em soluções**: Pensar em como resolver problemas, em vez de apenas vender um produto. Isso envolve uma análise detalhada das necessidades do cliente e a customização de soluções que atendam a essas necessidades de forma eficaz.

- **Integridade e transparência**: Ser honesto sobre o que sua solução pode e não pode fazer pelo cliente, construindo um relacionamento baseado na confiança.

- **Paciência e perseverança**: Entender que alguns processos de venda podem ser longos e que é preciso manter o foco no relacionamento de longo prazo com o cliente.

POR QUE A MENTALIDADE CONSULTIVA É IMPORTANTE?

Adotar uma mentalidade consultiva permite que você se diferencie em um mercado competitivo. Em um mundo onde muitos produtos e serviços são vistos como commodities, a capacidade de fornecer valor através de uma abordagem consultiva é uma vantagem competitiva significativa. Além disso, essa mentalidade fomenta a lealdade do cliente e aumenta as chances de renovações e recomendações de negócios, pois os clientes tendem a se conectar mais com marcas e indivíduos que demonstram um verdadeiro interesse em ajudá-los a alcançar seus objetivos.

Desenvolver uma mentalidade consultiva é um processo contínuo que requer dedicação, reflexão e prática. Ao fortalecer essa mentalidade, você será capaz de se conectar com seus clientes de maneira mais significativa, criando não apenas vendas, mas parcerias duradouras baseadas no respeito mútuo e na colaboração efetiva.

Está pronto para aplicar essa mentalidade e aprender mais sobre seus clientes de maneira profunda e eficaz? No próximo capítulo, vamos explorar como conhecer seu cliente pode transformar a maneira como você conduz suas vendas. Juntos, vamos descobrir as técnicas para entender as necessidades e desafios do seu cliente, proporcionando a base para uma parceria verdadeiramente consultiva e estratégica. Vamos continuar nossa jornada?

CONHECENDO SEU CLIENTE

No coração das vendas consultivas está a capacidade de entender profundamente quem são seus clientes. Este capítulo irá guiá-lo através do processo de conhecer não apenas os fatos superficiais sobre seus clientes, mas também suas motivações mais profundas, seus desafios e como eles percebem o mundo. Aprender a decifrar esses elementos é crucial para transformar transações simples em parcerias estratégicas duradouras.

POR QUE CONHECER SEU CLIENTE É CRUCIAL?

- **Personalização**: Quanto mais você sabe sobre seus clientes, mais capaz é de adaptar suas soluções às suas necessidades específicas. Isso não apenas aumenta a eficácia da sua solução, mas também demonstra ao cliente que você valoriza seu negócio de maneira genuína.

- **Antecipação de necessidades**: Entender seu cliente permite que você antecipe problemas ou necessidades que eles mesmos podem não ter percebido ainda. Isso estabelece você como um parceiro proativo, alguém que traz soluções antes mesmo de os problemas se tornarem evidentes.

- **Construção de confiança**: Quando os clientes percebem que você realmente entende suas necessidades e desafios, eles são mais propensos a confiar em você. A confiança é a base de qualquer relacionamento de longo prazo e é especialmente importante em vendas consultivas.

- **Melhoria contínua**: Ao conhecer bem seus clientes, você pode continuar melhorando e ajustando suas ofertas para melhor atendê-los ao longo do tempo, o que pode levar a um negócio recorrente e a recomendações.

COMO CONHECER PROFUNDAMENTE SEU CLIENTE

- **Pesquisa**: Antes de se reunir com um cliente, faça sua lição de casa. Isso inclui pesquisar não apenas a empresa, mas também a indústria em que operam e os desafios específicos que enfrentam.

- **Escuta ativa**: Durante as interações com o cliente, pratique a escuta ativa. Isso significa prestar atenção não apenas ao que é dito, mas também ao que é deixado de fora, e aos sinais não verbais.

- **Faça perguntas profundas**: Além das perguntas padrão, faça perguntas que incentivem o cliente a pensar e a revelar mais sobre seus verdadeiros desafios e necessidades.

- **Feedback contínuo**: Estabeleça um processo para feedback regular, permitindo que você ajuste suas abordagens e soluções com base no que funciona melhor para o cliente.

- **Utilize CRM eficientemente**: Sistemas de Gestão de Relacionamento com o Cliente (CRM) são ferramentas vitais para manter informações detalhadas sobre as interações com os clientes, preferências e histórico de compras, que podem ser usadas para personalizar futuras interações.

Conhecer seu cliente não é uma tarefa que você completa uma vez e marca como concluída; é um processo contínuo que se aprofunda conforme o relacionamento cresce. Ao dedicar-se a entender verdadeiramente seus clientes, você se posiciona como um consultor essencial para eles, não apenas como um vendedor.

Preparado para aprofundar ainda mais sua capacidade de construir relações sólidas e de confiança? No próximo capítulo, vamos explorar estratégias para construir e manter relacionamentos de confiança com os clientes, essenciais para a venda consultiva. Continue sua jornada conosco e transforme sua abordagem de vendas em uma verdadeira parceria estratégica. Vamos avançar?

CONSTRUINDO RELACIONAMENTOS DE CONFIANÇA

A confiança é a espinha dorsal das vendas consultivas. Este capítulo se dedica a explorar como você pode construir e sustentar relacionamentos de confiança, transformando interações de vendas em parcerias duradouras e benéficas. Aqui, você aprenderá estratégias práticas que podem ser aplicadas imediatamente para começar a fortalecer seus laços com os clientes.

A IMPORTÂNCIA DA CONFIANÇA NAS VENDAS CONSULTIVAS

Construir confiança não é apenas uma boa prática de vendas; é essencial para a sobrevivência e o crescimento em longo prazo no ambiente de negócios atual. Relacionamentos baseados em confiança:

- **Facilitam negociações abertas e honestas**, o que pode levar a melhores acordos para ambas as partes.

- **Encorajam a lealdade do cliente**, resultando em negócios recorrentes e em menos sensibilidade ao preço.

- **Aumentam a probabilidade de recomendações**, pois clientes satisfeitos e confiantes são mais propensos a indicar seus serviços a outros.

COMO CONSTRUIR RELACIONAMENTOS DE CONFIANÇA

- **Consistência e previsibilidade**: Mostre aos seus clientes que eles podem contar com você para ser consistente e confiável. Cumpra o que promete e esteja sempre disponível para apoiá-los.

- **Honestidade e transparência**: Seja transparente sobre os benefícios e limitações dos seus produtos ou serviços. Uma comunicação honesta é crucial para estabelecer e manter a confiança.

- **Empatia e compreensão**: Demonstre empatia e faça um esforço genuíno para entender as preocupações e necessidades do cliente. Mostre que você se preocupa não apenas com a venda, mas com o sucesso e bem-estar do cliente.

- **Proatividade**: Antecipe-se às necessidades dos clientes e ofereça soluções antes que eles peçam. Isso mostra que você está atento e comprometido com a parceria.

- **Respeito ao tempo e aos recursos do cliente**: Valorize o tempo dos seus clientes tanto quanto você valoriza o seu. Seja eficiente nas suas comunicações e encontros, e assegure que cada interação agregue valor para eles.

- **Feedback regular**: Estabeleça um diálogo contínuo com seus clientes para feedback. Use essas informações para melhorar continuamente o serviço que você oferece, demonstrando que você valoriza a opinião deles e está comprometido em adaptar suas soluções às suas necessidades em evolução.

Relacionamentos de confiança não são construídos da noite para o dia. Eles requerem paciência, dedicação e um compromisso contínuo com a excelência e a integridade em todas as interações. Ao adotar as estratégias apresentadas neste capítulo, você estará bem equipado para desenvolver e manter relações que não apenas suportem o teste do tempo, mas que também sejam mutuamente benéficas e satisfatórias.

Pronto para levar suas habilidades de venda consultiva para o próximo nível? No próximo capítulo, mergulharemos em técnicas de escuta ativa, uma habilidade essencial para qualquer vendedor consultivo que deseja verdadeiramente entender e atender às necessidades de seus clientes. Continue conosco nesta jornada e descubra como aprimorar ainda mais sua capacidade de construir parcerias duradouras. Vamos juntos nessa?

ESCUTA ATIVA

A escuta ativa é uma das habilidades mais cruciais nas vendas consultivas. Este capítulo irá guiá-lo através de técnicas eficazes para aprimorar sua capacidade de ouvir ativamente, garantindo que você compreenda não apenas o que seu cliente diz, mas também o que ele realmente significa e necessita. A escuta ativa permite que você identifique oportunidades de aprofundar o relacionamento e personalizar suas soluções de forma mais efetiva.

O QUE É ESCUTA ATIVA?

Escuta ativa é o processo de ouvir com atenção total, entendendo a mensagem do interlocutor, e respondendo de forma a promover uma compreensão mútua. Ela não se limita a ouvir as palavras ditas, mas envolve a interpretação do contexto, dos sentimentos e das necessidades subjacentes.

POR QUE A ESCUTA ATIVA É IMPORTANTE NAS VENDAS CONSULTIVAS?

- **Compreensão profunda**: Ajuda a entender não apenas as necessidades explícitas do cliente, mas também suas preocupações e motivações não expressas.

- **Construção de relacionamentos**: Mostra ao cliente que você valoriza suas opiniões e se preocupa genuinamente em atender suas necessidades, fortalecendo o relacionamento.

- **Identificação de oportunidades**: Permite identificar oportunidades para oferecer soluções adicionais que o cliente pode não ter considerado inicialmente.

- **Resolução de problemas**: Facilita a identificação e resolução de problemas de forma eficaz, o que pode melhorar a satisfação e a fidelidade do cliente.

TÉCNICAS PARA MELHORAR A ESCUTA ATIVA

- **Mantenha o foco total no cliente**: Durante as conversas, evite distrações. Concentre-se totalmente no que o cliente está dizendo, sem planejar sua resposta enquanto ele fala.

- **Use linguagem corporal positiva**: Demonstre interesse e abertura através de sua linguagem corporal. Acene com a cabeça, mantenha contato visual e adote uma postura aberta e receptiva.

- **Reflita e clarifique**: Periodicamente, reflita sobre o que foi dito para garantir que você entendeu corretamente. Use frases como "Se entendi bem, você está dizendo que..." para confirmar sua compreensão.

- **Faça perguntas pertinentes**: Faça perguntas que aprofundem seu entendimento das necessidades e desejos do cliente. Perguntas abertas são especialmente úteis para incentivar o cliente a falar mais sobre suas preocupações.

- **Evite interromper**: Permita que o cliente fale sem interrupções. Mostrar paciência pode encorajá-lo a compartilhar informações mais detalhadas e importantes.

- **Resuma e confirme**: No final da conversa, resuma os pontos principais e confirme os próximos passos para garantir que ambos os lados estejam alinhados.

Aperfeiçoar sua habilidade de escuta ativa é um passo fundamental para se tornar um consultor de vendas eficaz. Ao implementar essas técnicas, você estará melhor equipado para entender as verdadeiras necessidades de seus clientes, construir relacionamentos mais fortes e fornecer soluções que realmente fazem a diferença.

Pronto para aprofundar ainda mais suas habilidades de vendas consultivas? No próximo capítulo, exploraremos o poder das perguntas poderosas para descobrir as necessidades reais do cliente e fortalecer ainda mais suas habilidades de venda consultiva. Vamos avançar nesse caminho juntos?

PERGUNTAS PODEROSAS

Dominar a arte de fazer perguntas poderosas é essencial para qualquer vendedor que aspire a transformar transações simples em parcerias consultivas profundas. Este capítulo foca em como você pode utilizar perguntas estratégicas para ir além das respostas superficiais, permitindo-lhe descobrir as verdadeiras necessidades e desejos dos seus clientes. Vamos explorar técnicas que ajudarão a abrir novas possibilidades e fortalecer seus relacionamentos de vendas.

O VALOR DAS PERGUNTAS PODEROSAS

Perguntas poderosas são aquelas que provocam pensamento, incentivam a reflexão, e levam os clientes a considerar suas situações sob uma nova luz. Elas são essenciais porque:

- **Revelam informações valiosas**: Perguntas bem formuladas podem desenterrar necessidades e problemas que nem mesmo o cliente havia plenamente identificado.

- **Fortalecem relacionamentos**: Ao mostrar interesse genuíno nas preocupações e aspirações dos clientes, você fortalece a confiança e a lealdade.

- **Facilitam a customização de soluções**: Compreender profundamente o que o cliente realmente precisa permite que você personalize suas soluções de maneira mais eficaz.

- **Estabelecem você como um consultor**: Perguntas poderosas demonstram sua competência e seu compromisso em oferecer não apenas produtos, mas soluções verdadeiras e adaptadas.

TIPOS DE PERGUNTAS PODEROSAS

- **Perguntas abertas**: Estas perguntas facilitam respostas mais detalhadas e são cruciais para iniciar um diálogo profundo. Exemplos incluem "O que você acha que está impedindo seu negócio de alcançar seu potencial total?" ou "Como você imagina a solução ideal para esse problema?"

- **Perguntas de exploração**: Use essas perguntas para aprofundar em um ponto específico ou para explorar as emoções e as motivações do cliente. Por exemplo, "Você pode me dar um exemplo de quando isso foi um problema?" ou "Como isso afeta sua equipe?"

- **Perguntas reflexivas**: Estas perguntas incentivam o cliente a pensar e refletir sobre sua situação atual e futura. Perguntas como "O que aconteceria se você não fizesse nada sobre esse problema?" ou "Onde você vê seu negócio daqui a cinco anos?"

- **Perguntas de confirmação**: São usadas para assegurar que você entendeu corretamente a situação ou a necessidade do cliente. "Então, se eu entendi corretamente, você está buscando uma solução que possa fazer X e Y, correto?"

ESTRATÉGIAS PARA FORMULAR PERGUNTAS PODEROSAS

- **Faça sua lição de casa**: Quanto mais você souber sobre o cliente e seu negócio antes de uma reunião, mais específicas e impactantes suas perguntas podem ser.

- **Ouça ativamente**: Use o que você aprendeu no capítulo anterior para realmente ouvir as respostas do cliente, o que pode lhe dar insights sobre quais perguntas fazer a seguir.

- **Mantenha-se curioso**: Cultive uma atitude de curiosidade genuína. Interesse-se verdadeiramente pelas respostas do cliente, sem pressa para vender seu produto.

- **Adapte-se ao fluxo da conversa**: Esteja preparado para alterar suas perguntas com base na direção que a conversa está tomando. A flexibilidade pode levar a descobertas importantes.

As perguntas poderosas são uma ferramenta crucial no arsenal de qualquer vendedor consultivo. Elas abrem portas e criam a fundação para relações de confiança e colaboração. Ao aprimorar sua habilidade de fazer perguntas estratégicas, você se posicionará como um consultor indispensável para seus clientes.

Está pronto para personalizar soluções que atendam exatamente às necessidades dos seus clientes? No próximo capítulo, exploraremos como você pode customizar soluções de maneira eficaz, garantindo que suas ofertas sejam tão únicas quanto os desafios enfrentados pelos seus clientes. Vamos prosseguir nessa jornada de transformação?

CUSTOMIZAÇÃO DE SOLUÇÕES

A habilidade de customizar soluções que atendam exatamente às necessidades de seus clientes é uma das marcas distintivas das vendas consultivas. Neste capítulo, exploraremos como você pode desenvolver soluções personalizadas que não só resolvam os problemas dos clientes, mas também agreguem valor significativo ao seu negócio. A customização vai além da simples adaptação de produtos; trata-se de uma abordagem holística que considera todos os aspectos da situação do cliente.

A IMPORTÂNCIA DA CUSTOMIZAÇÃO EM VENDAS CONSULTIVAS

- **Diferenciação competitiva**: Em um mercado saturado, a capacidade de oferecer soluções personalizadas pode diferenciar sua empresa da concorrência.

- **Aumento da satisfação do cliente**: Soluções que atendem precisamente às necessidades dos clientes tendem a resultar em maior satisfação e lealdade.

- **Melhores resultados para o cliente**: Soluções personalizadas são mais eficazes porque são desenhadas especificamente para resolver os problemas únicos do cliente.

- **Relacionamentos de longo prazo**: Ao demonstrar um compromisso com a necessidade específica do cliente, você fortalece o relacionamento e encoraja um compromisso contínuo.

ESTRATÉGIAS PARA CUSTOMIZAR SOLUÇÕES

- **Entenda profundamente as necessidades do cliente**: Utilize as técnicas de escuta ativa e perguntas poderosas, discutidas nos capítulos anteriores, para obter um entendimento profundo dos desafios do cliente.

- **Envolver o cliente no processo de desenvolvimento**: Faça do cliente um parceiro no processo de criação da solução. Isso não só garante que a solução seja relevante e personalizada, mas também aumenta o engajamento e a satisfação do cliente.

- **Utilize tecnologia e ferramentas adequadas**: Empregue tecnologias que permitam flexibilidade e personalização nas soluções. Ferramentas de CRM e análise de dados podem oferecer insights valiosos que ajudam na customização de soluções.

- **Feedback contínuo e ajustes**: A customização não termina com a entrega da solução. Mantenha um canal de comunicação aberto para feedback e esteja pronto para fazer ajustes conforme necessário.

Customizar soluções exige criatividade, empatia e um compromisso contínuo com a excelência no serviço ao cliente. Ao dedicar-se a entender e atender às necessidades específicas de cada cliente, você não só melhora a eficácia das suas soluções, mas também fortalece a posição da sua empresa como líder de pensamento e parceiro confiável.

Pronto para explorar as técnicas necessárias para negociar essas soluções personalizadas? No próximo capítulo, discutiremos estratégias avançadas de negociação em vendas consultivas, essenciais para assegurar que ambos os lados da mesa saiam ganhando. Vamos continuar juntos nesta jornada transformadora?

NEGOCIAÇÃO EM VENDAS CONSULTIVAS

A negociação é um componente crítico nas vendas consultivas, não apenas como um meio de fechar negócios, mas como uma forma de consolidar relações e garantir que ambos os lados percebam valor significativo e sustentável. Este capítulo abordará estratégias essenciais de negociação que podem ser utilizadas para garantir que suas soluções personalizadas sejam não apenas aceitas, mas também valorizadas pelo cliente, reforçando a parceria e a confiança mútua.

FUNDAMENTOS DA NEGOCIAÇÃO CONSULTIVA

A negociação em vendas consultivas difere significativamente do estilo tradicional de negociação porque se concentra menos em vencer a discussão e mais em encontrar uma solução que beneficie ambas as partes. Aqui estão os fundamentos que guiam a negociação consultiva:

- **Foco em soluções ganha-ganha**: Busque acordos que ofereçam benefícios claros para ambos os lados, fortalecendo o relacionamento a longo prazo.

- **Transparência**: Mantenha uma comunicação aberta sobre as capacidades e limitações das soluções propostas.

- **Flexibilidade**: Esteja preparado para adaptar sua oferta conforme as necessidades e feedback do cliente evoluem.

- **Escuta ativa**: Utilize suas habilidades de escuta ativa para entender as preocupações e prioridades do cliente e negociar de acordo com essas informações.

ESTRATÉGIAS DE NEGOCIAÇÃO EFICAZES EM VENDAS CONSULTIVAS

- **Preparação**: Antes de entrar em uma negociação, esteja bem preparado com todas as informações sobre o cliente e suas necessidades, bem como os detalhes de sua oferta.

- **Construção de valor**: Enfatize como sua solução atende ou excede as necessidades do cliente de maneiras que outras soluções não podem. Use dados, depoimentos e estudos de caso para reforçar seu argumento.

- Uso de concessões estratégicas: Determine antecipadamente quais concessões você pode fazer que tenham baixo custo para você, mas alto valor para o cliente.

- Definição de expectativas: Seja claro sobre o que você pode oferecer e esteja preparado para explicar como sua solução pode necessitar de compromissos ou adaptações.

- Fechamento colaborativo: Envolver o cliente no processo de fechamento pode ajudar a garantir que todas as partes estejam alinhadas e satisfeitas com o acordo proposto.

Negociar eficazmente em um contexto de vendas consultivas exige uma mistura de preparação, empatia, e estratégia focada no cliente. Ao implementar essas técnicas, você não só será capaz de fechar mais vendas, mas também de fortalecer a relação cliente-vendedor, transformando negociações em oportunidades para profundar a parceria.

Pronto para levar a gestão do relacionamento com o cliente a um novo nível? No próximo capítulo, vamos explorar como utilizar ferramentas de CRM para apoiar suas estratégias de venda consultiva, mantendo o foco na personalização e satisfação do cliente. Acompanhe-nos para descobrir como integrar tecnologia e relacionamento de forma eficaz em suas vendas consultivas.

GESTÃO DO RELACIONAMENTO COM O CLIENTE (CRM)

A tecnologia de Gestão do Relacionamento com o Cliente (CRM) é uma aliada crucial nas vendas consultivas. Este capítulo abordará como utilizar eficazmente as ferramentas de CRM para maximizar suas vendas, personalizar a comunicação, e manter um relacionamento de qualidade com seus clientes. Vamos explorar as melhores práticas e estratégias para integrar o CRM no processo de vendas consultivas.

O PAPEL DO CRM NAS VENDAS CONSULTIVAS

O CRM não é apenas uma ferramenta para organizar informações de contato; é um sistema integral que pode gerenciar e analisar as interações com clientes ao longo de todo o ciclo de vida do relacionamento. Aqui estão os principais benefícios do uso do CRM nas vendas consultivas:

- **Centralização de informações**: Mantém todas as informações do cliente em um lugar acessível, facilitando o acompanhamento e a personalização das interações.

- **Análise de dados**: Fornece insights valiosos sobre padrões de compra, preferências do cliente e histórico de interações, permitindo que você personalize suas ofertas.

- **Melhoria da comunicação**: Ajuda a garantir que todas as comunicações com o cliente sejam consistentes e relevantes, melhorando a eficácia geral das vendas.

COMO UTILIZAR O CRM PARA MELHORAR AS VENDAS CONSULTIVAS

- **Segmentação de clientes**: Use o CRM para segmentar clientes com base em critérios como indústria, tamanho, comportamento de compra, e necessidades específicas. Essa segmentação permite criar ofertas mais personalizadas que são mais prováveis de atender às expectativas do cliente.

- **Registro de interações**: Documente todas as interações com o cliente no sistema CRM. Isso inclui chamadas, e-mails, reuniões e feedbacks, o que garante que você não perca detalhes importantes e possa oferecer um serviço mais considerado e personalizado.

- **Automatização de tarefas**: Automatize tarefas recorrentes como follow-ups e envio de e-mails de agradecimento ou informativos. Isso ajuda a manter a eficiência e permite que você se concentre em aspectos mais estratégicos da venda consultiva.

- **Análise e relatórios**: Utilize as funcionalidades de análise do CRM para avaliar a eficácia de suas estratégias de vendas e fazer ajustes conforme necessário. Relatórios detalhados podem ajudar a identificar tendências, medir a satisfação do cliente e otimizar os processos de vendas.

- **Integração com outras ferramentas**: Integre seu CRM com outras ferramentas como plataformas de marketing, ferramentas de análise de dados, e softwares de gestão financeira. Essa integração pode fornecer uma visão mais completa do cliente e melhorar a coordenação entre diferentes departamentos.

Investir em uma ferramenta de CRM robusta e saber como usá-la eficazmente pode transformar significativamente sua abordagem de vendas consultivas. Ao facilitar a personalização, a comunicação e o gerenciamento de dados, o CRM não só melhora a eficiência, mas também ajuda a construir relacionamentos mais fortes e duradouros com os clientes.

Pronto para aprofundar ainda mais seu conhecimento em vendas consultivas? No próximo capítulo, exploraremos como educar seus clientes sobre seus produtos ou serviços de maneira eficaz, um componente essencial para facilitar a decisão de compra e fortalecer a confiança no relacionamento. Continue conosco nesta jornada transformadora!

EDUCAÇÃO E DEMONSTRAÇÃO DE PRODUTO

A educação do cliente é uma peça fundamental nas vendas consultivas. Este capítulo explora como você pode usar a educação de produtos ou serviços como uma ferramenta estratégica para fortalecer a confiança e apoiar o processo de decisão do cliente. Ao educar seus clientes, você não apenas informa, mas também agrega valor, demonstrando o potencial real de suas soluções para atender às necessidades específicas deles.

A IMPORTÂNCIA DA EDUCAÇÃO DO CLIENTE EM VENDAS CONSULTIVAS

Educar o cliente vai além de simplesmente apresentar características e benefícios do produto. Envolve:

- **Comunicar valor**: Mostrar como o produto ou serviço pode resolver um problema ou melhorar um processo no negócio do cliente.

- **Desenvolver confiança**: Ao fornecer informações claras e úteis, você estabelece sua empresa como um recurso confiável e um parceiro investido no sucesso do cliente.

- **Facilitar decisões de compra**: Clientes bem informados são mais capazes de tomar decisões de compra que estão alinhadas com suas necessidades e objetivos de negócios.

ESTRATÉGIAS PARA EDUCAR EFETIVAMENTE SEUS CLIENTES

- **Personalize a educação para o cliente**: Adapte seu conteúdo educacional às necessidades específicas do cliente. Use os dados coletados através de seu CRM para personalizar as apresentações e materiais de forma que ressoem com os problemas e desafios específicos do cliente.

- **Utilize diferentes formatos**: Combine vários formatos de conteúdo, como vídeos, webinars, folhetos e demonstrações ao vivo, para atender a diferentes estilos de aprendizado e aumentar o engajamento do cliente.

- **Demonstrações práticas**: Sempre que possível, ofereça

demonstrações práticas do produto, que permitem ao cliente ver como a solução funciona em um ambiente real ou simulado. Isso pode ser particularmente eficaz para superar objeções e reforçar o valor do produto.

- **Workshops de educação**: Organize workshops ou sessões de treinamento que não apenas apresentem o produto, mas também ensinem algo de valor que o cliente possa aplicar independentemente da compra.

- **Material de suporte**: Forneça materiais de suporte detalhados que os clientes possam levar consigo. Estes materiais devem ser fáceis de entender e ricos em informações úteis que reforcem a mensagem e o valor da sua solução.

- **Feedback contínuo**: Após sessões educativas, colete feedback para entender como você pode melhorar futuras sessões e quais informações foram mais valiosas para os clientes.

A educação do cliente é essencial para o sucesso em vendas consultivas. Ao investir tempo para educar seus clientes sobre seus produtos e serviços, você não só aumenta a transparência e a confiança, mas também estabelece uma base sólida para relacionamentos duradouros e parcerias estratégicas. Com clientes bem informados, as chances de satisfação e fidelidade a longo prazo aumentam significativamente.

Preparado para seguir adiante? No próximo capítulo, abordaremos técnicas de fechamento consultivo que garantem a satisfação do cliente e incentivam relacionamentos de longo prazo. Vamos continuar essa jornada para transformar suas vendas em verdadeiras parcerias consultivas.

FECHAMENTO CONSULTIVO

Fechamento consultivo é um aspecto crucial das vendas consultivas, onde o foco é não apenas concluir uma venda, mas garantir que o fechamento traga benefícios duradouros para ambos os lados. Este capítulo vai explorar estratégias eficazes para fechar vendas de uma maneira que reforce a confiança e fomente a continuidade do relacionamento comercial.

A IMPORTÂNCIA DE UM FECHAMENTO CONSULTIVO

O fechamento consultivo difere significativamente do fechamento tradicional porque busca criar uma experiência de compra positiva e uma base para futuras interações. Isso inclui:

- **Validação do cliente**: Assegurar que todas as dúvidas do cliente sejam esclarecidas e que ele se sinta confiante na decisão de compra.

- **Respeito pelo processo de decisão do cliente**: Reconhecer que cada cliente pode ter um processo de decisão diferente e adaptar a abordagem de fechamento a essas necessidades específicas.

- **Promoção de relacionamentos duradouros**: Encarar cada fechamento de venda como um passo para um relacionamento contínuo, e não como um fim.

ESTRATÉGIAS EFICAZES PARA FECHAMENTO CONSULTIVO

- **Sumarização de benefícios**: Reitere os benefícios da sua solução, enfatizando como eles atendem às necessidades específicas discutidas anteriormente com o cliente. Isso ajuda a reforçar a relevância da solução e a decisão do cliente.

- **Condições flexíveis**: Ofereça condições flexíveis quando possível, como termos de pagamento ajustáveis ou pacotes personalizados, que podem facilitar a decisão de compra para o cliente.

- **Uso de perguntas de fechamento**: Utilize perguntas que induzam a ação, como "Você acha que essa solução poderia melhorar a eficiência do seu processo?" ou "Você gostaria de começar com este projeto na próxima semana?"

- **Minimização de riscos**: Diminua os riscos percebidos pelo cliente oferecendo garantias ou períodos de teste. Isso pode aumentar a confiança do cliente em sua decisão de compra.

- **Confirmação suave**: Em vez de pressionar para um fechamento duro, use uma confirmação suave que permita ao cliente sentir que ele está escolhendo prosseguir, como "Como você gostaria de proceder se decidir que esta é a solução certa para você?"

O fechamento consultivo é uma arte que balanceia persuasão com sensibilidade às necessidades do cliente. Ao implementar estas estratégias, você não só aumentará as chances de concluir vendas com sucesso, mas também estabelecerá a fundação para uma parceria duradoura, baseada no respeito mútuo e na satisfação contínua.

Está pronto para ir além e continuar a construir esse relacionamento valioso? No próximo capítulo, exploraremos a importância do feedback e do acompanhamento após a venda, essenciais para manter e aprofundar a relação com o cliente. Continue conosco para aprender como esses elementos são fundamentais na venda consultiva.

FEEDBACK E ACOMPANHAMENTO

Após o fechamento de uma venda, o trabalho de um vendedor consultivo está longe de terminar. O feedback e o acompanhamento contínuo são essenciais para manter e fortalecer a relação com o cliente, garantindo não apenas a satisfação contínua, mas também abrindo portas para futuras oportunidades de negócios. Este capítulo explora como implementar um sistema eficaz de feedback e estratégias de acompanhamento que beneficiem tanto você quanto seus clientes.

POR QUE O FEEDBACK E O ACOMPANHAMENTO SÃO CRUCIAIS?

- **Garantia de satisfação**: O acompanhamento ajuda a garantir que o cliente está satisfeito com a solução adquirida e que ela atende às expectativas criadas durante o processo de venda.

- **Identificação de novas necessidades**: Manter um contato regular permite identificar novas necessidades que podem surgir à medida que o negócio do cliente evolui.

- **Fomento da lealdade do cliente**: Clientes que sentem que seus fornecedores estão genuinamente interessados em seu sucesso tendem a ser mais leais e propensos a fazer negócios repetidos.

ESTRATÉGIAS EFICAZES PARA FEEDBACK E ACOMPANHAMENTO

- **Estabeleça um plano de acompanhamento**: Defina um cronograma para contatos regulares pós-venda, que pode incluir ligações, visitas, e-mails ou reuniões virtuais, dependendo da preferência do cliente.

- **Implemente pesquisas de satisfação**: Utilize ferramentas de pesquisa para coletar feedback sobre a satisfação do cliente com o produto ou serviço e o processo de venda. Isso não só proporciona dados valiosos mas também mostra ao cliente que você valoriza sua opinião.

- **Ofereça suporte proativo**: Não espere o cliente reportar um problema. Ofereça suporte proativo, verificando se tudo está correndo bem e se há algo que você possa fazer para ajudar.

- **Utilize CRM para acompanhamento**: Mantenha registros de todas as interações no sistema CRM. Isso ajudará a personalizar o acompanhamento, garantindo que nenhuma informação importante seja perdida e que cada interação seja relevante e útil.

- **Crie oportunidades para Upsell e Cross-Sell**: Baseado no feedback e nas necessidades emergentes do cliente, identifique oportunidades para oferecer produtos ou serviços adicionais que possam beneficiar o cliente.

EXEMPLO PRÁTICO

Suponha que você venda sistemas de software. Após a implementação, você pode agendar uma série de sessões de treinamento e revisões periódicas para garantir que o cliente está utilizando o software eficazmente. Durante essas sessões, você pode descobrir necessidades adicionais que podem ser atendidas com upgrades ou novos módulos, proporcionando mais valor ao cliente e gerando novas vendas.

O feedback e o acompanhamento são componentes fundamentais da venda consultiva, transformando cada venda em um ponto de partida para um relacionamento duradouro. Implementando estas estratégias, você não só aumentará a satisfação do cliente, mas também estabelecerá uma base sólida para futuras oportunidades de negócios.

Pronto para aprofundar ainda mais suas habilidades em vendas consultivas? No próximo capítulo, discutiremos como identificar e desenvolver as habilidades necessárias para ser eficaz em vendas consultivas. Mantenha-se conosco nesta jornada de crescimento contínuo e sucesso a longo prazo.

TREINAMENTO E DESENVOLVIMENTO DE HABILIDADES

Para ter sucesso em vendas consultivas, não basta apenas entender o produto ou serviço que você oferece; é crucial possuir e aprimorar um conjunto de habilidades que permitam interagir efetivamente com os clientes e entender profundamente suas necessidades. Este capítulo foca em como identificar e desenvolver essas habilidades essenciais, assegurando que você esteja equipado para executar vendas consultivas de alto nível.

HABILIDADES CRUCIAIS EM VENDAS CONSULTIVAS

- **Escuta ativa**: Como já explorado anteriormente, a habilidade de ouvir ativamente é fundamental para entender verdadeiramente as necessidades e desejos dos clientes.

- **Empatia**: A capacidade de se colocar no lugar do cliente, entendendo seus desafios e preocupações, não apenas a nível de negócios, mas também pessoal.

- **Comunicação eficaz**: A habilidade de comunicar claramente suas ideias e a valorização das soluções de maneira que ressoe com o cliente.

- **Resolução de problemas**: A capacidade de pensar criativamente na resolução de problemas, oferecendo soluções que efetivamente atendam às necessidades específicas do cliente.

- **Negociação**: Competências para negociar não apenas termos de contrato, mas também para gerenciar expectativas e encontrar soluções que beneficiem todas as partes envolvidas.

- **Gestão de relacionamentos**: Habilidade para desenvolver e manter relacionamentos fortes e de longo prazo com os clientes.

ESTRATÉGIAS PARA DESENVOLVER ESSAS HABILIDADES

- **Treinamento formal**: Investir em cursos de treinamento

profissional pode ser uma excelente maneira de desenvolver habilidades específicas de vendas consultivas.

- **Mentoria e coaching**: Trabalhar com um mentor ou coach que tenha experiência em vendas consultivas pode proporcionar aprendizados valiosos e orientação personalizada.

- **Prática regular**: Como muitas habilidades em vendas são aprimoradas com a experiência, buscar oportunidades para praticar essas habilidades em situações reais é crucial.

- **Feedback contínuo**: Solicitar feedback regularmente, tanto de clientes quanto de colegas e superiores, pode ajudar a identificar áreas de melhoria e confirmar pontos fortes.

- **Autoavaliação e reflexão**: Regularmente reservar um tempo para refletir sobre suas interações com os clientes e o sucesso das vendas pode ajudar a entender o que funciona bem e o que pode ser melhorado.

EXEMPLO DE PLANO DE DESENVOLVIMENTO

Suponha que você queira melhorar suas habilidades de negociação. Você poderia:

- Participar de um workshop especializado em técnicas de negociação.

- Praticar cenários de negociação com colegas ou um coach.

- Solicitar feedback específico após cada sessão de negociação real.

- Estudar casos de sucesso em negociação para entender diferentes estratégias e estilos.

Desenvolver habilidades eficazes de vendas consultivas é um processo contínuo que exige dedicação e compromisso. Ao identificar as habilidades que necessitam de desenvolvimento e ao implementar estratégias para aprimorá-las, você se posicionará como um profissional de vendas consultivas altamente competente e confiável.

Pronto para ver como essas habilidades se traduzem em sucesso prático? Ao focar em entender os desafios do cliente e propor soluções personalizadas e eficazes, o vendedor consultivo se estabelece como um parceiro indispensável para o sucesso do cliente.

Preparado para superar objeções e continuar a expandir suas habilidades em vendas consultivas? No próximo capítulo, exploraremos estratégias eficazes para lidar com e superar objeções durante o processo de vendas consultivas. Continue sua jornada de aprendizado conosco!

SUPERANDO OBJEÇÕES

Superar objeções é uma parte natural e inevitável do processo de vendas consultivas. Este capítulo foca em como você pode eficazmente identificar, entender e responder às objeções dos clientes, transformando potenciais barreiras em oportunidades para aprofundar a relação comercial e solidificar a confiança.

ENTENDENDO AS OBJEÇÕES

Objecções surgem por várias razões, muitas vezes como uma expressão de preocupação ou incerteza por parte do cliente em relação à proposta oferecida. Elas podem estar relacionadas ao custo, à adequação do produto, à incerteza sobre o ROI (retorno sobre o investimento), ou até mesmo à resistência a mudanças. Compreender a natureza e a origem da objeção é crucial para poder respondê-la de forma eficaz.

ESTRATÉGIAS PARA SUPERAR OBJEÇÕES

- **Ouvir ativamente**: Antes de responder a uma objeção, é fundamental garantir que você realmente entendeu a preocupação do cliente. Ouvir ativamente também demonstra respeito e consideração pelos sentimentos e opiniões do cliente.

- **Validar a preocupação do cliente**: Reconheça e valide a objeção do cliente. Isso não significa concordar, mas mostrar que você entende de onde eles estão vindo e que suas preocupações são importantes para você.

- **Responder com informação**: Muitas objeções podem ser superadas fornecendo informações adicionais que talvez o cliente não possua. Isso pode incluir dados sobre a eficácia do produto, depoimentos de outros clientes ou estudos de caso relevantes.

- **Reformular a objeção**: Muitas vezes, uma objeção revela uma oportunidade para reformular a proposta de uma maneira que alinhe melhor com as necessidades e desejos do cliente. Isso pode envolver destacar aspectos diferentes do produto ou serviço que talvez não tenham sido inicialmente evidentes.

- Proponha uma demonstração ou teste: Se possível, ofereça uma demonstração ou um período de teste para que o cliente possa ver por si mesmo como o produto ou serviço pode resolver seu problema.

- Crie um senso de urgência: Se a objeção estiver relacionada à hesitação em tomar uma decisão imediata, você pode ajudar a criar um senso de urgência destacando o custo de não agir ou os benefícios imediatos que podem ser perdidos.

EXEMPLO PRÁTICO

Suponhamos que um cliente objete ao custo de um software que você está vendendo, argumentando que é muito caro. Você pode responder destacando como o software pode aumentar a eficiência, reduzir custos operacionais a longo prazo e oferecer um retorno sobre o investimento que faria o custo inicial parecer insignificante. Além disso, você poderia oferecer opções de pagamento flexíveis ou destacar funcionalidades específicas que oferecem valor adicional que outros produtos concorrentes não têm.

Superar objeções é uma habilidade essencial em vendas consultivas e requer prática, paciência e um profundo entendimento das necessidades e preocupações do cliente. Ao abordar objeções de forma estratégica, você não só aumenta a chance de fechar uma venda, mas também fortalece a relação de confiança com o cliente.

Pronto para explorar como medir o sucesso e o impacto das suas estratégias de vendas consultivas? No próximo capítulo, discutiremos métodos eficazes para avaliar e otimizar suas práticas de vendas consultivas. Continue aprimorando suas habilidades conosco!

MEDINDO O SUCESSO EM VENDAS CONSULTIVAS

A avaliação de sucesso em vendas consultivas vai além do simples cálculo de vendas e receitas. Este capítulo explora como você pode medir o impacto e a eficácia de suas estratégias de vendas consultivas, utilizando métricas que refletem tanto o desempenho de vendas quanto a profundidade e a saúde dos relacionamentos com os clientes.

IMPORTÂNCIA DA MEDIÇÃO DE SUCESSO

Medir o sucesso em vendas consultivas é essencial para:

- **Avaliar a efetividade das estratégias**: Determinar quais táticas estão funcionando e quais precisam de ajustes.

- **Justificar o investimento**: Demonstrar o retorno sobre investimento (ROI) de suas atividades de vendas para stakeholders internos.

- **Melhorar o desempenho continuamente**: Usar insights baseados em dados para refinar abordagens e técnicas de vendas.

MÉTRICAS PARA MEDIR O SUCESSO EM VENDAS CONSULTIVAS

- **Taxa de conversão de vendas**: Mede a eficácia de converter prospects em clientes pagantes, o que pode indicar a efetividade de suas técnicas de fechamento e a qualidade de suas interações iniciais.

- **Valor do ciclo de vida do cliente (Customer Lifetime Value - CLV)**: Avalia o valor total que um cliente traz para a empresa ao longo do tempo. Um CLV alto sugere que a estratégia de vendas está criando relações duradouras e rentáveis.

- **Satisfação do cliente**: Medida através de pesquisas de satisfação, NPS (Net Promoter Score), ou feedback direto, este indicador reflete o quão bem as necessidades do cliente estão sendo atendidas.

- **Taxa de retenção de clientes**: Indica a porcentagem

de clientes que permanecem com a empresa após o primeiro negócio. Altas taxas de retenção são um sinal de relacionamentos de cliente fortes e satisfatórios.

- **Custo de aquisição de cliente (CAC)**: Calcula o custo total envolvido na aquisição de novos clientes. Em vendas consultivas, um CAC mais alto pode ser justificável pela abordagem mais personalizada e pelo potencial de maior CLV.

- **Tempo médio para fechamento**: Mede quanto tempo leva, em média, para fechar um negócio após o primeiro contato com um prospect. Isso pode ajudar a avaliar a eficiência dos processos de vendas e o impacto de diferentes técnicas de negociação.

ESTRATÉGIAS PARA MELHORAR AS MÉTRICAS DE SUCESSO

- **Aprimoramento contínuo**: Use dados e feedback para identificar áreas de melhoria contínua, ajustando estratégias e processos conforme necessário.

- **Formação e desenvolvimento**: Invista em treinamento contínuo para sua equipe de vendas para assegurar que todos estejam equipados com as habilidades necessárias para executar vendas consultivas eficazes.

- **Foco no relacionamento**: Priorize o desenvolvimento de relacionamentos de longo prazo, não apenas vendas de curto prazo. Isso pode envolver o aprofundamento do conhecimento sobre as necessidades do cliente e a customização de soluções.

Medir o sucesso em vendas consultivas requer uma abordagem multifacetada que considere tanto as métricas financeiras quanto indicadores de satisfação e lealdade do cliente. Ao compreender e aplicar essas métricas, você pode não apenas justificar o valor das vendas consultivas, mas também continuar aperfeiçoando suas estratégias para resultados ainda melhores.

Pronto para integrar ainda mais suas estratégias de vendas com as de marketing? No próximo capítulo, exploraremos como alinhar as vendas consultivas com as estratégias de marketing para maximizar resultados e impulsionar o crescimento. Continue sua jornada para se tornar um especialista em vendas consultivas!

INTEGRANDO VENDAS E MARKETING

A integração eficaz entre as equipes de vendas e marketing é crucial para o sucesso das vendas consultivas. Este capítulo discutirá como você pode alinhar estas duas funções para criar uma abordagem coerente que amplie o alcance de suas iniciativas e maximize o impacto no mercado.

A IMPORTÂNCIA DA INTEGRAÇÃO DE VENDAS E MARKETING

A colaboração entre vendas e marketing permite:

- **Mensagens consistentes**: Garante que todas as comunicações com o mercado estejam alinhadas, reforçando a marca e a proposta de valor da empresa.

- **Geração de leads qualificados**: Marketing pode usar insights de vendas para criar campanhas que atraem leads mais alinhados com o perfil ideal de cliente.

- **Otimização de recursos**: Evita duplicidades de esforços e garante que ambos os departamentos estejam trabalhando com os mesmos objetivos e métricas.

ESTRATÉGIAS PARA ALINHAR VENDAS E MARKETING

- **Definição de metas compartilhadas**: Estabeleça metas claras que ambos os departamentos possam entender e pelas quais possam ser corresponsáveis, como número de leads qualificados, taxa de conversão e crescimento de receita.

- **Comunicação regular**: Realize reuniões regulares entre as equipes para discutir progressos, compartilhar insights do cliente, e ajustar estratégias conforme necessário.

- **Conteúdo personalizado**: Use as informações coletadas pela equipe de vendas sobre as necessidades e dores dos clientes para criar conteúdo de marketing que falem diretamente aos pontos de interesse dos potenciais compradores.

- **Utilização de tecnologia integrada**: Adote ferramentas de

CRM e automação de marketing que permitam compartilhar informações facilmente entre as equipes, ajudando a rastrear o engajamento dos clientes e a eficácia das campanhas.

- **Treinamento cruzado**: Encoraje treinamentos que permitam aos membros de cada equipe entender melhor as funções e desafios do outro lado, promovendo uma maior empatia e colaboração.

EXEMPLO PRÁTICO

Suponha que uma empresa de software esteja lançando um novo produto. O marketing cria uma campanha focada nas características técnicas do produto, enquanto a equipe de vendas descobre que os clientes estão mais interessados em como o produto pode economizar tempo e reduzir custos. Ao alinhar essas percepções, o marketing pode ajustar a campanha para destacar os benefícios econômicos, enquanto vendas utiliza os materiais técnicos em momentos específicos do ciclo de venda.

Integrar as estratégias de vendas e marketing em uma abordagem consultiva não só aumenta a eficácia de ambas as funções, mas também melhora a experiência do cliente e a eficiência operacional. Ao trabalhar em conjunto, vendas e marketing podem impulsionar o crescimento sustentável e construir uma vantagem competitiva sólida.

Pronto para explorar como a tecnologia pode melhorar ainda mais o processo de vendas consultivas? No próximo capítulo, veremos como utilizar tecnologias emergentes para aprimorar sua abordagem de vendas e alcançar resultados excepcionais. Continue conosco para descobrir ferramentas que podem transformar suas estratégias de vendas consultivas.

USO DE TECNOLOGIA EM VENDAS CONSULTIVAS

A tecnologia desempenha um papel crucial na modernização das vendas consultivas, permitindo maior eficiência, melhor comunicação e análises mais profundas. Este capítulo aborda como você pode integrar tecnologias avançadas em sua estratégia de vendas consultivas para aprimorar cada etapa do processo de venda, desde a prospecção até o fechamento e o pós-venda.

BENEFÍCIOS DA TECNOLOGIA EM VENDAS CONSULTIVAS

- **Automatização de tarefas repetitivas**: Automatizar tarefas como entrada de dados e acompanhamento de e-mails libera tempo para que os vendedores se concentrem em atividades de maior valor, como o desenvolvimento de relacionamentos com clientes.

- **Acesso a dados em tempo real**: Ferramentas como CRM e análise de dados proporcionam informações valiosas sobre comportamento do cliente, tendências de vendas e desempenho de campanhas, ajudando a tomar decisões baseadas em dados.

- **Comunicação aprimorada**: Plataformas de comunicação e colaboração melhoram a interação tanto internamente entre equipes quanto com os clientes, facilitando uma troca de informações mais fluida e transparente.

- **Personalização em escala**: Tecnologias de inteligência artificial e aprendizado de máquina permitem a personalização de ofertas para clientes individuais em uma escala antes impraticável.

TECNOLOGIAS IMPACTANTES EM VENDAS CONSULTIVAS

- **CRM (Customer Relationship Management)**: Ferramentas de CRM são essenciais para gerenciar interações com clientes, armazenar informações importantes e acessar históricos de interação que podem ser cruciais durante as negociações.

- **Inteligência artificial (IA)**: A IA pode ser usada para analisar grandes volumes de dados de clientes e gerar insights que ajudam a prever necessidades do cliente e personalizar a abordagem de vendas.

- **Automação de marketing**: Esta tecnologia ajuda a criar e gerenciar campanhas de marketing que nutrem leads ao longo do tempo, entregando conteúdo personalizado baseado nas interações e comportamento do cliente.

- **Plataformas de análise de dados**: Ferramentas de análise ajudam a entender melhor os padrões de compra dos clientes, eficácia das estratégias de vendas e áreas para melhoria.

- **Ferramentas de comunicação e colaboração**: Soluções como Slack, Microsoft Teams e Zoom facilitam a comunicação rápida e efetiva, essencial para a coordenação em vendas consultivas.

IMPLEMENTANDO TECNOLOGIA DE FORMA EFICAZ

- **Escolha ferramentas adequadas**: Avalie as necessidades específicas de sua equipe e escolha ferramentas que se alinhem com seus objetivos estratégicos.

- **Treinamento e adoção**: Garanta que sua equipe seja treinada para usar as novas tecnologias eficientemente. A resistência à mudança é comum, e um treinamento adequado pode ajudar a mitigar esse desafio.

- **Análise contínua**: Use dados coletados através dessas tecnologias para revisar continuamente e ajustar suas estratégias, assegurando que você esteja atendendo às expectativas dos clientes e alcançando seus objetivos de vendas.

A integração da tecnologia no processo de vendas consultivas não apenas aumenta a eficiência, mas também enriquece a experiência do cliente e oferece novas oportunidades para personalização e engajamento. Ao adotar e adaptar essas tecnologias, você pode significativamente ampliar sua capacidade de entregar soluções que atendam às necessidades complexas dos clientes modernos.

Pronto para explorar ainda mais sobre como desenvolver uma proposta de valor clara e convincente? No próximo capítulo, discutiremos como desenvolver e comunicar sua proposta de valor para se destacar no mercado competitivo. Continue nesta jornada para fortalecer suas habilidades em vendas consultivas!

DESENVOLVENDO UMA PROPOSTA DE VALOR

A proposta de valor é fundamental em vendas consultivas, pois define por que um cliente deveria escolher sua empresa em detrimento de outras. Este capítulo explora como você pode desenvolver e articular uma proposta de valor que ressoe profundamente com seus clientes, destacando suas soluções no mercado competitivo.

A IMPORTÂNCIA DE UMA PROPOSTA DE VALOR FORTE

Uma proposta de valor eficaz:

- **Diferencia sua oferta**: Clarifica como seu produto ou serviço se diferencia da concorrência.

- **Foca nas necessidades do cliente**: Concentra-se em como você pode resolver problemas específicos ou melhorar a situação do cliente.

- **Aumenta a relevância da sua solução**: Ajuda o cliente a entender por que sua solução é a melhor opção para suas necessidades.

PASSOS PARA DESENVOLVER UMA PROPOSTA DE VALOR EFICAZ

- **Entenda seu cliente**: Conheça profundamente as necessidades, desafios e desejos dos seus clientes. Use essas informações para criar uma proposta que fale diretamente aos pontos de dor mais críticos.

- **Identifique seus diferenciais**: Determine o que faz sua oferta ser única no mercado. Isso pode incluir qualidade superior, serviço ao cliente excepcional, tecnologia inovadora, ou preços mais competitivos.

- **Comunique benefícios claros**: Em vez de se concentrar nas características do produto, destaque os benefícios que essas características trazem para o cliente.

- **Use uma linguagem simples e direta**: Evite jargões e

termos técnicos que possam confundir ou alienar clientes. Sua proposta de valor deve ser fácil de entender e lembrar.

- **Teste e refine**: Apresente sua proposta de valor a um grupo pequeno de clientes ou colegas para obter feedback. Use essas informações para fazer ajustes necessários.

EXEMPLO DE PROPOSTA DE VALOR

Suponha que você esteja vendendo um sistema de CRM avançado. Em vez de simplesmente destacar recursos como automação de marketing e integrações de terceiros, sua proposta de valor poderia ser: "Nosso CRM simplifica sua gestão de relacionamento com clientes, permitindo que você automatize tarefas repetitivas e concentre-se em fechar mais vendas, aumentando a receita em até 30% em um ano."

COMUNICANDO SUA PROPOSTA DE VALOR

Uma vez desenvolvida, a proposta de valor deve ser comunicada de forma consistente em todos os pontos de contato com o cliente, incluindo:

- **Website**: Integre a proposta de valor em sua página inicial, páginas de produtos e biografia da empresa.

- **Materiais de marketing**: Garanta que todos os materiais de marketing, como brochuras e anúncios, reflitam claramente sua proposta de valor.

- **Pitch de vendas**: Equipe sua equipe de vendas com um discurso claro que destaque sua proposta de valor durante interações com clientes.

Desenvolver uma proposta de valor clara e convincente é essencial para se destacar em um mercado competitivo e para comunicar efetivamente o valor que sua empresa traz para seus clientes. Esta proposta não apenas orienta suas estratégias de marketing e vendas, mas também serve como um lembrete constante do seu compromisso em atender as necessidades do cliente.

Pronto para o próximo passo? No próximo capítulo, exploraremos as melhores práticas para gerenciar contas de forma a maximizar a retenção e a satisfação do cliente. Continue aprimorando suas técnicas de vendas consultivas para alcançar e superar suas metas.

GERENCIAMENTO DE CONTAS

Gerenciar eficazmente as contas de clientes é vital em vendas consultivas, pois não apenas ajuda a manter a satisfação e a lealdade dos clientes, mas também maximiza as oportunidades de vendas repetidas e de upselling. Este capítulo explora as melhores práticas para o gerenciamento de contas que fortalecem as relações com os clientes e garantem sua satisfação contínua.

A IMPORTÂNCIA DO GERENCIAMENTO DE CONTAS EFICAZ

O gerenciamento eficaz de contas permite:

- **Compreender profundamente as necessidades do cliente**: Mantém você informado sobre as mudanças nas necessidades e expectativas do cliente, permitindo ajustes proativos nas soluções oferecidas.

- **Antecipar problemas**: Ajuda a identificar e resolver possíveis problemas antes que eles afetem negativamente a relação.

- **Maximizar o valor para o cliente**: Garante que o cliente esteja aproveitando ao máximo os produtos ou serviços oferecidos, maximizando seu retorno sobre o investimento.

ESTRATÉGIAS PARA GERENCIAMENTO DE CONTAS

- **Segmentação de clientes**: Classifique seus clientes com base em vários critérios, como volume de vendas, potencial de crescimento, ou complexidade das necessidades. Isso permite personalizar estratégias para diferentes grupos de clientes.

- **Desenvolvimento de planos de conta**: Crie um plano de conta para cada cliente importante, detalhando estratégias para manutenção e expansão dessas contas. Inclua objetivos específicos, iniciativas planejadas, e cronogramas para revisão.

- **Comunicação regular e personalizada**: Mantenha linhas de comunicação abertas com seus clientes. Envie atualizações regulares sobre novos produtos, serviços ou mudanças na empresa que possam afetá-los.

- **Utilização de CRM**: Empregue sistemas de CRM para monitorar interações, gerenciar informações de contato, e analisar dados de vendas para melhor entender as tendências e os comportamentos do cliente.

- **Oferecimento de valor adicional**: Procure constantemente maneiras de adicionar valor à relação, seja através de consultoria especializada, treinamento adicional ou acesso a recursos exclusivos.

TÉCNICAS PARA MELHORAR A RETENÇÃO DE CLIENTES

- **Revisões de conta periódicas**: Realize avaliações regulares das contas para discutir desafios, sucessos e áreas para melhoria. Use essas reuniões para reafirmar o valor que sua empresa proporciona.

- **Programas de fidelidade e recompensas**: Considere implementar programas que recompensem clientes por sua lealdade e negócios contínuos.

- **Feedback e ação**: Solicite feedback dos clientes de maneira consistente e, mais importante, aja com base nesse feedback para melhorar seus serviços.

- **Capacitação da equipe de contas**: Assegure que todos os membros da equipe entendam profundamente os produtos, serviços e os mercados dos clientes. Invista em treinamento regular para manter a equipe atualizada e eficaz.

Um gerenciamento de contas competente é essencial para o sucesso em vendas consultivas, criando uma base sólida para relacionamentos duradouros e rentáveis. Ao implementar estas estratégias, você não só melhora a satisfação e a retenção de clientes, mas também posiciona sua empresa como um parceiro valioso e confiável.

No próximo capítulo, exploraremos como treinar sua equipe de vendas para adotar e implementar práticas de vendas consultivas. Continue conosco para descobrir como capacitar sua equipe para maximizar seu desempenho e contribuir significativamente para o sucesso da empresa.

TREINANDO SUA EQUIPE DE VENDAS

O sucesso em vendas consultivas depende não apenas das estratégias e ferramentas utilizadas, mas crucialmente das pessoas que as implementam. Este capítulo aborda como você pode treinar sua equipe de vendas para adotar e efetivar práticas de vendas consultivas, assegurando que todos estejam alinhados e capacitados para maximizar seu desempenho.

A IMPORTÂNCIA DO TREINAMENTO EM VENDAS CONSULTIVAS

O treinamento adequado proporciona vários benefícios:

- **Melhora a competência e confiança**: Capacita os vendedores com as habilidades e conhecimentos necessários para enfrentar desafios complexos de vendas.

- **Uniformiza práticas**: Garante que todos os membros da equipe adotem uma abordagem consistente e alinhada às práticas de vendas consultivas da empresa.

- **Incentiva a melhoria contínua**: O treinamento regular ajuda a manter a equipe atualizada com as melhores práticas e tecnologias emergentes.

ELEMENTOS FUNDAMENTAIS DO TREINAMENTO EM VENDAS CONSULTIVAS

- **Fundamentos das vendas consultivas**: Garanta que a equipe entenda profundamente o que são vendas consultivas, incluindo como diferem das vendas tradicionais e os benefícios dessa abordagem.

- **Desenvolvimento de habilidades-chave**: Concentre-se em habilidades essenciais como escuta ativa, empatia, negociação e resolução de problemas. Utilize role-plays e simulações para prática.

- **Uso de CRM e ferramentas tecnológicas**: Treine sua equipe no uso eficaz de ferramentas de CRM e outras tecnologias que suportem o processo de vendas consultivas.

- **Treinamento em produtos/serviços**: Assegure que todos os membros da equipe tenham um conhecimento profundo dos produtos ou serviços oferecidos, para que possam efetivamente comunicar o valor aos clientes.

- **Gerenciamento de relacionamentos**: Ensine técnicas para construir e manter relacionamentos de longo prazo com os clientes, que são vitais para o sucesso em vendas consultivas.

IMPLEMENTANDO UM PROGRAMA DE TREINAMENTO EFICAZ

- **Avaliação de necessidades**: Comece com uma avaliação das habilidades atuais da equipe e identifique áreas que precisam de desenvolvimento.

- **Treinamento personalizado**: Adapte o treinamento às necessidades específicas de sua equipe e aos tipos de clientes que eles atendem.

- **Feedback e avaliação contínua**: Incorporar sessões de feedback regulares e avaliações de desempenho para monitorar o progresso e fazer ajustes no programa de treinamento conforme necessário.

- **Incentivos para aprendizado contínuo**: Estabeleça um sistema de recompensas para incentivar a participação ativa e a aplicação das habilidades aprendidas.

- **Suporte contínuo**: Ofereça suporte contínuo e recursos de aprendizado para ajudar a equipe a manter suas habilidades afiadas e adaptar-se a mudanças no mercado e na indústria.

Treinar sua equipe de vendas para implementar vendas consultivas é um investimento que gera dividendos em forma de melhores resultados, maior satisfação do cliente e uma equipe mais engajada e motivada. Com um treinamento adequado, sua equipe estará melhor equipada para transformar as interações de vendas em relações consultivas duradouras e frutíferas.

Pronto para dar o próximo passo? No próximo capítulo, discutiremos como ajustar sua abordagem consultiva para diferentes culturas e mercados, garantindo que sua equipe possa operar eficazmente em um ambiente global. Continue conosco para expandir sua capacidade de atender a uma clientela diversificada.

ADAPTAÇÃO CULTURAL

A venda consultiva, ao se concentrar fortemente na construção de relacionamentos e na personalização das soluções, deve ser sensível às variações culturais para ser eficaz globalmente. Este capítulo explora como adaptar suas estratégias de vendas consultivas para atender às especificidades culturais de diferentes mercados, garantindo comunicação eficaz e relações comerciais bem-sucedidas.

A IMPORTÂNCIA DA SENSIBILIDADE CULTURAL EM VENDAS CONSULTIVAS

A sensibilidade cultural é crucial porque:

- **Melhora a comunicação**: Entender as nuances culturais pode ajudar a evitar mal-entendidos e a comunicar sua mensagem de forma mais eficaz.

- **Fortalece relacionamentos**: Mostrar respeito e consideração pelas diferenças culturais pode fortalecer a confiança e o respeito mútuos entre você e seus clientes internacionais.

- **Aumenta a eficácia das vendas**: Adaptar sua abordagem de acordo com as expectativas culturais do cliente pode aumentar significativamente as chances de sucesso nas vendas.

ESTRATÉGIAS PARA ADAPTAR A VENDA CONSULTIVA A DIFERENTES CULTURAS

- **Pesquisa e educação**: Antes de entrar em um novo mercado, invista tempo na aprendizagem sobre a cultura local, práticas de negócios, e preferências de comunicação. Isso pode incluir estudo formal, consultas com especialistas culturais, ou imersão direta no mercado.

- **Personalização da comunicação**: Adapte seu estilo e métodos de comunicação para alinhar com as normas culturais do mercado. Por exemplo, em algumas culturas, as relações de negócios começam com uma extensa conversa não relacionada ao negócio para construir confiança.

- **Ajuste nas estratégias de negociação**: Entenda e respeite as convenções locais de negociação, que podem variar significativamente. Em algumas culturas, por exemplo, discutir diretamente o preço pode ser visto como rude ou insensível.

- **Capacitação cultural da equipe**: Treine sua equipe de vendas nas especificidades culturais dos mercados em que operam, assegurando que todos estejam preparados para interagir respeitosamente e eficazmente com clientes de diferentes backgrounds culturais.

- **Feedback e ajustes contínuos**: Mantenha linhas de comunicação abertas com clientes e parceiros locais para obter feedback regular sobre como sua abordagem é percebida e quais ajustes podem ser necessários para melhorar a eficácia.

EXEMPLO PRÁTICO

Suponhamos que sua empresa de software esteja expandindo para o Japão, um mercado que valoriza muito a formalidade e as relações de longo prazo. Adaptações podem incluir o uso de títulos formais, a preparação para reuniões mais longas e detalhadas, e uma abordagem paciente para construir confiança antes de discutir detalhes contratuais.

Adaptar suas práticas de vendas consultivas para considerar as diferenças culturais é essencial para o sucesso em um ambiente de negócios globalizado. Ao desenvolver uma compreensão profunda das preferências e expectativas culturais de seus clientes internacionais, você pode criar estratégias de vendas mais eficazes e construir relacionamentos duradouros e respeitosos.

No próximo capítulo, vamos explorar a ética em vendas consultivas, enfatizando como manter padrões éticos elevados pode impactar positivamente suas relações comerciais e a reputação da sua empresa. Continue conosco para aprender como integrar a ética profundamente em suas estratégias de vendas consultivas.

ÉTICA E VENDAS CONSULTIVAS

Em vendas consultivas, a ética é crucial não apenas para construir e manter a confiança do cliente, mas também para sustentar uma reputação positiva e duradoura no mercado. Este capítulo discute a importância de manter padrões éticos elevados nas vendas consultivas e oferece diretrizes para assegurar que suas práticas comerciais respeitem e promovam a integridade em todas as interações.

A IMPORTÂNCIA DA ÉTICA NAS VENDAS CONSULTIVAS

A ética em vendas consultivas impacta positivamente:

- **Confiança do cliente**: Uma abordagem ética constrói uma base sólida de confiança, essencial para relações comerciais de longo prazo.

- **Sustentabilidade do negócio**: Práticas éticas asseguram que o negócio possa operar sem enfrentar problemas legais ou de reputação, que poderiam comprometer sua sustentabilidade.

- **Cultura corporativa**: Um compromisso com a ética fortalece a cultura corporativa, atraindo e retendo talentos que valorizam a integridade e a transparência.

PRÁTICAS RECOMENDADAS PARA MANTER A ÉTICA EM VENDAS CONSULTIVAS

- **Transparência total**: Seja sempre claro e honesto sobre as capacidades e limitações de seus produtos ou serviços. Evite exagerar benefícios ou ocultar informações que possam influenciar a decisão do cliente.

- **Respeito pela privacidade do cliente**: Trate todas as informações do cliente com o máximo cuidado e sigilo. Siga todas as leis e regulamentos aplicáveis sobre proteção de dados.

- **Equidade nas negociações**: Assegure que todas as negociações sejam conduzidas de forma justa e que ambos os lados se sintam respeitados e valorizados.

- **Responsabilidade social**: Considere o impacto social e ambiental de suas vendas e negócios. Procure maneiras de minimizar impactos negativos e promover benefícios positivos para a sociedade e o meio ambiente.

- **Resolução de conflitos**: Desenvolva mecanismos eficazes para resolver quaisquer disputas ou desentendimentos que surjam de maneira justa e equitativa.

ESTRATÉGIAS PARA INTEGRAR A ÉTICA NAS OPERAÇÕES DIÁRIAS

- **Treinamento e educação contínuos**: Ofereça treinamento regular sobre ética para toda a equipe, destacando casos reais e cenários hipotéticos para discussão.

- **Criação de um código de conduta**: Desenvolva e implemente um código de conduta que defina claramente as expectativas éticas para todos os envolvidos nas vendas e gestão de clientes.

- **Canais de comunicação abertos**: Estabeleça canais onde os funcionários possam relatar preocupações éticas de forma anônima e segura.

- **Monitoramento e avaliação**: Monitore regularmente as práticas de vendas e avalie a aderência aos padrões éticos. Use os insights para melhorar continuamente as políticas e procedimentos.

Manter padrões éticos elevados é essencial para o sucesso e a integridade das vendas consultivas. Ao adotar práticas éticas rigorosas, você não apenas protege sua empresa contra riscos legais e reputacionais, mas também promove um ambiente onde relações comerciais verdadeiramente valiosas podem florescer.

Pronto para explorar as estratégias de expansão em vendas consultivas? No próximo capítulo, discutiremos como expandir suas vendas consultivas à medida que seu negócio cresce, garantindo que você possa escalar de maneira sustentável e eficaz. Continue conosco para aprender mais sobre o crescimento e a expansão em vendas consultivas.

EXPANSÃO E CRESCIMENTO

À medida que seu negócio de vendas consultivas amadurece, expandir de maneira estratégica torna-se essencial para sustentar o crescimento e maximizar o potencial de mercado. Este capítulo explora várias estratégias eficazes para escalar suas operações de vendas consultivas, garantindo que o crescimento seja sustentável e alinhado com os valores fundamentais do seu negócio.

IMPORTÂNCIA DA EXPANSÃO ESTRATÉGICA

A expansão bem planejada pode:

- **Aumentar a base de clientes**: Alcançar novos mercados e segmentos de clientes pode significativamente aumentar suas receitas.

- **Diversificar os riscos**: Ampliar sua oferta de serviços ou produtos pode ajudar a mitigar riscos associados à dependência de um único mercado ou tipo de cliente.

- **Fomentar inovação**: A entrada em novos mercados pode inspirar inovação e melhorias em seus produtos ou serviços.

ESTRATÉGIAS DE EXPANSÃO PARA VENDAS CONSULTIVAS

- **Desenvolvimento de novos produtos/serviços**: Identifique oportunidades para desenvolver novos produtos ou serviços que complementem suas ofertas atuais, baseando-se nas necessidades e feedback dos clientes.

- **Exploração de novos mercados geográficos**: Avalie a viabilidade de entrar em novos mercados geográficos onde seus produtos ou serviços possam resolver problemas únicos ou preencher lacunas de mercado.

- **Parcerias e alianças estratégicas**: Forme parcerias com outras empresas que possam oferecer canais de distribuição ou bases de clientes complementares. Isso pode acelerar seu acesso a novos mercados com menor investimento inicial.

- **Aumento da força de vendas**: Expanda sua equipe de

vendas para suportar o aumento do volume de operações e para entrar em novos territórios. A contratação de vendedores locais pode ser particularmente eficaz ao entrar em mercados internacionais.

- **Automatização e escalabilidade**: Invista em tecnologias que automatizem processos de vendas e gestão de clientes, permitindo que sua equipe lide com um volume maior de negócios sem comprometer a qualidade do atendimento.

CONSIDERAÇÕES AO PLANEJAR A EXPANSÃO

- **Sustentabilidade financeira**: Certifique-se de que a expansão não comprometa a saúde financeira da empresa. Planeje cuidadosamente os custos envolvidos e considere estratégias de financiamento se necessário.

- **Cultura corporativa**: À medida que você cresce, mantenha a cultura corporativa que suporta as vendas consultivas. Isso inclui treinamento contínuo e comunicação eficaz dos valores e práticas que definem seu negócio.

- **Controle de qualidade**: Implemente processos rigorosos de controle de qualidade para garantir que a expansão não dilua a qualidade de seu serviço ou produto.

Expandir suas operações de vendas consultivas requer uma abordagem meticulosa e estratégica. Ao considerar cuidadosamente como e onde crescer, você pode assegurar que sua expansão não apenas aumente seus lucros, mas também fortaleça sua marca e relacionamentos com clientes.

Pronto para olhar para o futuro das vendas consultivas? No próximo capítulo, exploraremos as tendências futuras e a evolução contínua das vendas consultivas, ajudando você a se preparar para as mudanças do mercado e a manter-se competitivo. Continue conosco para descobrir como se manter à frente no campo das vendas consultivas.

O FUTURO DAS VENDAS CONSULTIVAS

À medida que avançamos, o mundo das vendas continua a evoluir rapidamente, influenciado por novas tecnologias, mudanças nos comportamentos dos consumidores e dinâmicas de mercado em constante transformação. Este capítulo final oferece uma visão sobre as tendências futuras em vendas consultivas e como você pode se preparar para essas mudanças, garantindo que sua abordagem permaneça relevante e eficaz.

TENDÊNCIAS EMERGENTES EM VENDAS CONSULTIVAS

- **Inteligência artificial e aprendizado de máquina**: Estas tecnologias estão se tornando cada vez mais cruciais para analisar grandes volumes de dados de clientes e personalizar a experiência de venda, oferecendo recomendações precisas e insights preditivos.

- **Vendas remotas e virtuais**: Impulsionadas pela pandemia global, as vendas remotas continuarão a expandir-se. Isso requer ajustes na maneira como os relacionamentos são construídos e mantidos, com um foco crescente na eficácia da comunicação digital.

- **Sustentabilidade e Responsabilidade Social Corporativa (RSC)**: Os consumidores e empresas estão cada vez mais favorecendo parceiros que demonstram responsabilidade social e ambiental, influenciando as práticas de vendas e as ofertas de produtos/serviços.

- **Foco na experiência do cliente**: A experiência do cliente está no centro das vendas consultivas e continuará a ser uma área chave de diferenciação e inovação, com empresas buscando oferecer soluções cada vez mais integradas e centradas no usuário.

PREPARANDO-SE PARA O FUTURO

- **Investimento em educação e treinamento contínuo**: Assegure que sua equipe esteja sempre aprendendo e adaptando-se às novas ferramentas e técnicas de vendas. A educação contínua é essencial para manter-se competitivo.

- Adoção de tecnologias avançadas: Mantenha-se atualizado com as últimas tecnologias e considere como elas podem ser integradas em sua estratégia de vendas para melhorar a eficiência e a personalização.

- Flexibilidade e adaptação: Esteja preparado para mudar rapidamente suas estratégias e operações em resposta a mudanças no mercado e comportamento do consumidor.

- Escuta ativa e feedback: Continue a praticar a escuta ativa e solicite feedback regularmente para entender as necessidades em evolução de seus clientes.

As vendas consultivas não são apenas uma metodologia, mas uma filosofia que coloca a criação de valor genuíno para o cliente acima de tudo. Ao manter-se fiel a essa filosofia, ao mesmo tempo que adapta suas práticas às tendências emergentes, você pode assegurar que sua abordagem de vendas continue a ser eficaz e relevante, independentemente das mudanças que o futuro possa trazer.

Este livro ofereceu um guia abrangente para transformar suas técnicas de vendas de transações simples para parcerias estratégicas duradouras. Esperamos que as estratégias e conhecimentos compartilhados aqui inspirem você a continuar sua jornada de crescimento e sucesso em vendas consultivas. Obrigado por nos acompanhar nesta jornada enriquecedora.

Ao virarmos a última página desta jornada juntos, espero sinceramente que os aprendizados compartilhados aqui tenham tocado seu coração e despertado novas perspectivas. Se este livro lhe trouxe algum valor, peço gentilmente que dedique alguns momentos para deixar sua avaliação na Amazon. Suas palavras não apenas me ajudam a crescer e aprimorar minha arte, mas também guiam outros leitores em suas buscas por conhecimento e inspiração. Sua opinião é um presente valioso, tanto para mim quanto para a comunidade de leitores em busca de histórias que transformam. Agradeço de coração por compartilhar esta jornada comigo e espero que possamos nos encontrar novamente nas páginas de uma nova aventura.

REGINALDO OSNILDO

Olá, sou Reginaldo Osnildo, autor e inovador nas áreas de vendas, tecnologia, e estratégias de comunicação. Minha experiência abrange desde o ambiente acadêmico, como professor e pesquisador na Universidade do Sul de Santa Catarina, até a prática como estrategista no Grupo Catarinense de Rádios. Com um doutorado em narrativas de vendas e convergência digital, e um mestrado em storytelling e imaginário social, eu trago para meus leitores uma fusão única entre teoria e prática. Meu objetivo é fornecer conhecimento em uma linguagem simples, prática e didática, incentivando a aplicação direta na vida pessoal e profissional.

Atenciosamente

Prof. Dr. Reginaldo Osnildo

+55 48 991913865

reginaldoosnildo@gmail.com

www.ingramcontent.com/pod-product-compliance
Lightning Source LLC
Chambersburg PA
CBHW072053230526
45479CB00010B/853